Encontrar a Dios sin religión.

Un camino agnóstico a Dios

El Profeta de la Vida

Tú y tu camino a Dios, en la Vida y Más Allá
Revelaciones del libro 2 de 2012: tú y tu
camino hacia Dios: en la vida y más allá

c. No Hay Tiempo para Llorar
d. Nacido para Ganar
e. El Don
f. Todos Hacen la Diferencia
g. Cuando el Espíritu me Mueve

Algunos de los contenidos de este libro fueron tomados de Revelations of 2012 por El Profeta de la Vida.

Prefacio

Una persona espiritual puede encontrar a Dios tan fácilmente como una persona religiosa. Un agnóstico puede encontrar a Dios con la misma facilidad que una persona religiosa. No es necesario ser religioso para encontrar a Dios porque la religión no es Dios, es la interpretación de Dios por parte del hombre. En realidad, Dios se comunica con todos, incluyéndote a ti, es solo que muchas personas no lo saben o no saben "cómo" se comunica Dios con ellos, por lo que no creen que sea Dios quien se comunica.

Muchas personas se unen a una religión porque necesitan la estructura o porque quieren ser "salvadas". Muchas religiones te dicen que tienen un camino exclusivo hacia Dios. Esto no es verdad. Las religiones a menudo se fundan, se basan en las enseñanzas de un profeta particular. Dios revela información a la humanidad en incrementos durante largos períodos de tiempo que se corresponden con el desarrollo de la humanidad. La humanidad obtiene lo que necesita y aprendemos un poco más cada vez.

No hay nada malo con las personas que se unen a una iglesia o una religión, pero recuerde que la iglesia y la religión no son Dios. Si quieres encontrar a Dios dentro de ti. Mire su vida y descubra cuándo Dios se ha estado comunicando con usted. Averigüe cuáles fueron los mensajes de Dios y puede rastrear el camino de sus éxitos y fracasos en la vida, dependiendo de si siguió esos mensajes o no.

--- El Profeta de la Vida

1 Tú y tu camino

"Todos estamos en viajes separados a través de nuestra experiencia de vida. No importa cuál sea nuestra fe o creencias, tomamos este viaje como individuos".

Bienvenido a tu vida tu vida es un viaje. En tu viaje encontrarás alegría, dolor, buenos y malos momentos. Cosas maravillosas te sucederán. Cosas horribles te sucederán. Apreciarás a los que amas. Perderás a los que amas. Incluso puede perderse por un tiempo.

En el tiempo que estés aquí, en el tiempo que estés tomando este viaje, te enfrentarás a muchas opciones. Algunos lo harás sabiamente, otros lo harás tontamente. Otros serán hechos para usted, por otros, por casualidad y por fuerzas invisibles. Esta es una parte normal de tu experiencia aquí. Todos los que viven deben pasar por experiencias positivas y negativas. Todas las personas tienen control sobre algunas experiencias. Todas las personas no tienen control sobre otras experiencias. No siempre puedes controlar lo que te sucede, pero puedes controlar cómo reaccionas ante él, cómo te afecta y qué aprendes de él.

En su viaje, se le presentarán diferentes caminos que puede tomar. Cada ruta lo llevará a un destino diferente. Se te darán oportunidades para cambiar el camino en el que te encuentras. Se te darán advertencias. Siempre puedes hacer ajustes y cambiar el rumbo. Donde termines será determinado por tu capacidad de escuchar, prestar atención y reaccionar correctamente a las advertencias que recibe y las decisiones que toma. Lo que resta de su viaje dependerá de su capacidad de aprender de sus errores y de convertirse en un ser espiritualmente equilibrado.

2 Qué te define

"Lo que la sociedad te dice que te define no es lo que te define".

Todos debemos trabajar para ganar nuestro pan de cada día. La persona promedio tiene un trabajo promedio ya sea fabricando algo, o reparando algo o alguien. Las personas más ricas no tienen que trabajar, y otras no, pero muchas lo hacen. O bien tienen una corporación o un legado que son responsables de mantener. Aquellos con mucho dinero pueden elegir cómo pasan su tiempo y también a veces eligen el tipo de trabajo que desean hacer.

Las personas sin hogar y que viven en la calle también trabajan. Deben hacer algo para recaudar el dinero necesario para su sustento. A menudo ruegan. La mendicidad es el trabajo más difícil de todos porque un mendigo es totalmente dependiente de los caprichos de los demás. El trabajo es importante pero el trabajo no es lo que eres. Es solo un medio para un fin. Algunos disfrutan su trabajo, otros son consumidos por él. Sin embargo, trabajar no te define.

Todos debemos vivir en algún lugar. Muchos viven donde mejor pueden permitirse. Algunos viven en barrios de lujo, en casas grandes. Otros viven en una choza de cartón. Todos encuentran la mejor ubicación para vivir y criar a sus hijos. Donde vives no te define.

Todos debemos comer y beber. La gente come y bebe lo que está disponible para ellos según su ubicación y presupuesto. La gente compra la mejor comida que puede con el dinero que tiene que gastar. Algunos comen alimentos procesados. Otros tienen una dieta completamente natural. Las cosas que están fácilmente disponibles en algunas partes del mundo no están disponibles en otras partes. Tú debes comer. Lo que comes puede afectar tu salud, pero lo que comes no te define.

Todos aprendemos. Aprendemos en la escuela, en el hogar y en las calles de nuestros vecindarios. Aprendemos de la información que recibimos de una variedad de diferentes fuentes. Aprendemos de nuestras experiencias de vida. Algunos tienen educación universitaria. Otros aprenden solo de la experiencia. Todos aprendemos, pero lo que aprendes y dónde lo aprendes no te define.

Estas cuatro cosas, su trabajo, su residencia, su comida y su educación son los pilares de la supervivencia. Lo que comemos, dónde vivimos, cómo trabajamos y dónde y qué aprendemos no son los pilares de la vida. Los bloques de construcción de la vida consisten en lo que crees y lo que haces.

Lo que crees te define porque las personas están gobernadas por sus sistemas de creencias. Lo que creas puede influenciar lo que haces. En qué crees y cómo crees que te define. Las cosas que haces y el espíritu con el que lo haces te definen. Lo que crees y las acciones que tomas sobre esas creencias son:

3 Cumpliendo tu destino

"Cada ser tiene un destino. ¿Estás cumpliendo el tuyo?
Todo ser humano nace con un destino. Al nacer, Dios susurra la misma frase a cada persona "El mundo es un lugar mejor porque naciste". La frase es una profecía. Es una profecía que proclama parte de tu destino. Es una profecía que se le encarga cumplir durante su vida.

Parte de la misión de su vida es descubrir cómo su vida puede cumplir esta profecía. Hay muchas formas en que puedes cumplir esta profecía. Puede cumplirlo a través de una vida de servicio a los demás. Puede cumplirlo descubriendo, creando o inventando algo que beneficia al mundo. Puedes cumplirlo salvando la vida de otro ser vivo.

Puedes cumplir esta parte de tu destino a través del servicio a los demás. Muchas profesiones, desde médicos hasta bomberos, maestros y recolectores de basura pueden ayudar a cumplir la profecía de Dios. La mayoría de las personas puede entender cómo los doctores, los bomberos y los maestros están incluidos en la lista porque se considera que los médicos y los bomberos salvan vidas. Se considera que los maestros salvan el futuro educando a los niños. Mucho menos pueden entender cómo un trabajador de basura puede ser incluido en la lista. Los recolectores de basura ayudan a disminuir los efectos de la enfermedad. Muchos trabajadores de la basura se enferman por las enfermedades que se adhieren a los desechos de las personas enfermas. Al hacerlo, contraen una enfermedad que muchos otros podrían haber contraído si la basura se dejara al descubierto en un lugar público.

Puedes cumplir esta parte de tu destino descubriendo, inventando o creando algo que beneficie a la humanidad. Puedes descubrir la cura para una enfermedad. Puedes inventar una máquina que ayude a limpiar el medioambiente. Puedes crear una pintura o una escultura, un poema, un rap, una pieza de música o una canción que eleve el espíritu de las personas o les haga pensar en las grandes cuestiones de la vida. Cualquiera de estos tipos de actividades puede hacer que el mundo sea un lugar mejor, un alma a la vez.

Puedes cumplir esta parte de tu destino salvando la vida de otro ser. Salvar la vida de una persona podría permitirle a esa persona completar su cumplimiento de esta parte de su destino. Salvar la vida de otro ser, una planta o un animal, por ejemplo, es realizar una actividad que crea un efecto directo para el ser que está salvando y las generaciones futuras de los descendientes de ese ser viviente.

La mayoría de las personas no son artistas o escritores. No pueden crear una obra maestra artística o literaria. No son doctores, ni maestros. Viven vidas ordinarias trabajando trabajos mundanos por menos dinero de lo que creen que valen. Pueden salvar una vida, si no la vida de una persona, luego la vida de una planta o un animal. Pueden ofrecerse como voluntarios para ayudar en un hospital o un orfanato. Pueden ayudar a un extraño necesitado, pueden unirse a grupos como Agentes para cambiar la Humanidad para obtener ideas sobre lo que pueden hacer.

La pregunta es clara. ¿Será el mundo un lugar mejor porque naciste? La respuesta puede ser confusa porque en la mayoría de los casos, las palabras por sí solas no la satisfarán. Solo sus acciones crearán una respuesta a la pregunta. ¿Qué acciones estás tomando? ¿Cómo está respondiendo la pregunta la historia de tu vida?

4 lecciones de vida

"La vida es una serie interminable de lecciones".

El Señor nos dice mucho a cada uno de nosotros. La mayoría de nosotros nunca escuchamos. Muchas veces en nuestras vidas nos dan la oportunidad de aprender lecciones de vida. A veces se nos presentan como cosas que se nos dicen, que vemos o que nos pasan. Estamos destinados a aprender de ellos. Las lecciones de vida, sin embargo, van más allá de nuestra propia experiencia. También debemos aprender de las experiencias de los demás. A menudo vemos personas, algunas que conocemos, otras que no conocemos, que cometemos errores. Estamos destinados a aprender de sus errores también.

Alguien que conozcas podría decir o hacer algo que tenga consecuencias nefastas para ellos. A veces, el evento que les sucede es el crescendo de una serie de malas decisiones y actos estúpidos e impulsivos. Otras veces, es el resultado de una decisión o acto catastróficamente malo. El niño que toca la estufa caliente y se quema la mano, el adolescente que golpea a otro y termina en la cárcel o el adulto que conduce ebrio y atropella a alguien deberían aprender una lección ellos mismos, pero también deberían hacerlo quienes los rodean. En el gran esquema de las cosas, a veces las personas que sufren consecuencias nefastas sirven como ejemplo y / o advertencia para los demás. Aquellos que no aprenden de los errores de los demás pueden estar obligados a repetirlos. Aquellos que aprenden de los errores de los demás pueden ser salvados de las consecuencias que les suceden a los demás.

Como se supone que cada persona debe aprender de sus errores, también lo son las comunidades de personas. Si estas comunidades son barrios, ciudades o naciones, deben aprender de sus errores y los de los demás. Los errores de nosotros mismos y otros han sido transmitidos por milenios en forma de historias orales y escritas. Existe una correlación directa entre los errores cometidos por las comunidades (muchas de ellas ahora extintas) en el pasado y lo que las comunidades en el presente y el futuro hacen. Conocer la historia de su propia gente y la de otras personas puede ampliar los horizontes de su comunidad y brindar más posibilidades para resolver problemas. Hay muchos pueblos en este mundo, pero en realidad no hay más que una raza, la raza humana. Los humanos debemos aprender de los errores de la raza humana y no limitarnos a estudiar las pruebas y tribulaciones de un segmento de la misma.

Así que estudia. Estudie personas y eventos en su vida diaria. Estudie eventos en las noticias locales, nacionales e internacionales. Estudia las historias de varias culturas. Las lecciones están ahí para que aprendas. Mientras más amplia sea tu educación, más bien-redondeado su conocimiento y experiencia es. Cuanto más amplia sea tu educación, cuanto más enriquecida esté el Alma, más volverás al Señor.

5 Tu percepción determina tu realidad
"Cambia tu percepción y puedes cambiar tu realidad".

Dos familias diferentes perdieron sus hogares. Ambos se redujeron y se mudaron a un departamento. Ambas familias tienen un sostén de la familia. La percepción de cada uno de estos dos proveedores de ingresos tuvo un profundo efecto en los resultados de estas dos familias.

El sostén de la familia primero culpó a otros por su situación. Refunfuñó y se quejó de su desgracia a cualquiera que quisiera escuchar. En poco tiempo, las personas que eran sus amigos caminaron hacia otro lado cuando lo vieron porque estaban cansados de escuchar sus quejas. Se volvió amargo y vio pocas esperanzas de una mejora en el futuro. Le dolió profundamente que no pudiera proporcionar los pequeños extras para su familia que ayudaron a hacer la vida más llevadera. Se arrastraba a trabajar todos los días, resentido porque había sido ignorado repetidas veces por la promoción que elevaría su fortuna desde el atolladero en el que vivía y podría haber evitado que perdiera su casa en primer lugar. Su naturaleza gruñona y resentida afectaba su desempeño en el trabajo. En unos meses lo dejaron ir de su trabajo. Poco después, se enfrentaba a la posibilidad real de quedarse sin hogar. No veía ninguna esperanza de mejora en el futuro. Temía la idea de estar sin hogar. Se sintió como un fracaso total. El día después de la notificación de desalojo, se suicidó. Su esposa y sus dos hijos tuvieron que enfrentar la falta de vivienda sin él.

El sostén de la familia fue inicialmente devastado por la pérdida y sus amigos también saben lo que le sucedió. Sin embargo, no insistió en ello y consideró la pérdida como una oportunidad para aprender de los errores que cometió para no volver a cometerlos. Buscó algo para estar feliz todos los días. A menudo encontraba al menos una cosa para ser feliz por cada día que lo hacía ver las cosas buenas de su vida. Esto lo hizo agradecido por las bendiciones que tuvo en su vida. Cuando fue a trabajar, era su yo positivo habitual. Algunas de las personas en su trabajo sabían por lo que habían pasado y su capacidad para mantenerse positivos a pesar de sus circunstancias los hizo simpatizar con él. Cuando surgió la oportunidad de un ascenso, su jefe se dio cuenta de que había pasado por un momento difícil y no había afectado su excelente desempeño. Le dieron la promoción. Fue frugal con el dinero extra que ganó y ahorró una buena cantidad para poder pagar un buen anticipo en otra casa. En un par de años, él y su familia compraron otra casa.

¿Por qué un sostén de la familia encontró el éxito y el otro pereció? En pocas palabras, fue su percepción. Mientras que un sostén de la familia culpaba a los demás por sus desgracias y veía las cosas a través de una luz completamente negativa, el otro buscaba la lección en su desgracia. Aprendieron de la lección y la siguieron siguiendo el conocimiento adquirido de la experiencia con las acciones apropiadas.

La vida es una serie de experiencias de aprendizaje. Las altas, las bajas, los triunfos y las tragedias están destinados a enseñar lecciones a través de las experiencias que producen junto con las posibles lecciones que están disponibles para quienes las buscan. ¿Con qué frecuencia han derribado a los poderosos? Algunos son derrotados para siempre, otros son derribados solo para surgir nuevamente más fuertes que antes.

¿Con qué frecuencia han surgido los mayores triunfos de las cenizas de las mayores tragedias? Los mayores triunfos son aquellos que son los más difíciles de conquistar. Muchas veces demuestran la verdadera fuerza del espíritu humano. Ellos también pueden ser los mejores maestros.

Dado que las personas viven sus vidas como miembros de la comunidad humana, ni siquiera tiene que pasar por las tragedias usted mismo. Hay muchas oportunidades para aprender de las experiencias de los demás, ya sea que lea sobre ellos, los vea en TV o en una película o sea testigo de un evento usted mismo.

Aunque las lecciones nos rodean, muchas personas no se dan cuenta de que hay una lección que aprender. Esto se debe a que no están buscando lecciones fuera de un aula formal en una institución de aprendizaje. No se dan cuenta de que la vida es un salón de clases y que todo lo que les sucede a ustedes, a todos los que conocen y a todos los que ven o escuchan es una posible lección.

Mucha gente se pasa la vida persiguiendo sueños de fama o fortuna. Invierten su tiempo y su dinero para perfeccionar una habilidad o talento que creen que los ayudará a alcanzar su objetivo. Algunos de ellos incluso logran su objetivo, pero a menos que hayan aprendido las lecciones que sus experiencias de vida tenían la intención de enseñarles, no logran la felicidad y la satisfacción que conlleva encontrar su verdadera vocación. No pueden conservar la fama ni el dinero porque no han desarrollado las habilidades necesarias para sobrevivir a las tormentas de la vida.

Las personas verdaderamente ricas en la vida son aquellas que aprenden las lecciones que sus experiencias de vida deben enseñarles. Muchos de ellos tienen éxito en cualquier esfuerzo que realicen porque aprenden de sus errores y crecen más allá de ellos. Si pierden todo, tienen la base para capear la tormenta y la fe para creer que el éxito volverá. También tienen el conocimiento para armar un plan para surgir de las cenizas y la gratitud de ser feliz con todo lo que tienen les ayuda a sostenerlos a través del sacrificio necesario para poner su plan en acción.

6 ADN espiritual

"Así como tu cuerpo tiene un ADN físico, tu Alma tiene un ADN espiritual".

Además de su ADN físico, todos los seres vivos tienen un ADN espiritual. El ADN espiritual es lo que conecta su alma de una encarnación a la siguiente. Además, conecta todas las encarnaciones de la misma alma entre sí. El ADN espiritual puede permitir que los seres vivos se conecten con cosas buenas y cosas malas de encarnaciones anteriores.

Las cosas buenas de encarnaciones anteriores pueden incluir talentos (como tocar un instrumento musical) o inclinaciones (como saber o aprender un idioma extranjero con una facilidad inusual). Aquellos que son creativos también pueden "recoger" cosas de existencias anteriores. Así como las personas tienen memoria motriz, tienen memoria espiritual. Algunas personas creativas pueden estar llamando a cosas recogidas de encarnaciones pasadas, ya sea que ellas mismas se hayan creado o experimentado. Hay muchas cosas creadas por las civilizaciones pasadas que históricamente se nos han perdido, pero no espiritualmente.

Las cosas malas con las que las personas pueden conectarse pueden incluir fobias, traumas y déjà vu negativo. Las fobias pueden incluir cosas como miedo al agua (ahogamiento) y alturas (caídas). Los traumas pueden incluir reacciones inexplicablemente severas a cosas como accidentes menores de vehículos o reacciones extremadamente adversa a medicamentos o menores, enfermedades. El déjà vu negativo puede ocurrir cuando uno tiene reservas inusuales sobre ingresar a un lugar o interactuar con una persona o grupo de personas específico.

El ADN físico permite que los rasgos de un miembro de la familia pasen a otro miembro de la familia nacido más tarde. El ADN espiritual funciona de manera similar, pero el ADN espiritual y el ADN físico no funcionan juntos. Un alma que reencarna a veces reencarna en la misma familia, pero no siempre.

Las características del ADN espiritual son mucho menos pronunciadas y, a menudo, mucho más difíciles de expresar. De esta manera, un gran jugador de béisbol, que muere poco después del nacimiento de su hijo, puede transmitir ciertas características físicas a ese hijo, pero a menudo no puede transmitir las facetas experienciales que contribuyen a su éxito porque no reencarnó como su hijo.

No todas las almas han elegido reencarnar, algunas no han elegido tener una encarnación en absoluto. Todas las almas han existido desde el comienzo de los tiempos, pero no todas han encarnado desde el principio de los tiempos. Lo que cada alma ha aprendido de cada encarnación se extrae y enriquece lo que es Dios. Lo que se aprende no se refiere a talentos o lo que se aprende leyendo y estudiando, se refiere a lo que cada alma ha aprendido sobre la vida, la humanidad y el estado de las diversas especies encontradas en su encarnación. Sin embargo, hay un residuo espiritual que permanece y que enriquece el ADN espiritual de cada Alma. Es esa información residual que las personas pueden y muchas hacen, de vez en cuando aprovechan.

Algunos seres, como los Profetas, por ejemplo, están vinculados a través de diferentes, almas a través del ADN espiritual. Dichos seres tienen conciencia de las encarnaciones de los demás y se encuentran entre ellos durante sus encarnaciones individuales. Pueden recurrir entre sí para obtener fortaleza y orientación durante su vida individual encarnaciones influyen y se ayudan entre sí cuando no están en un estado de encarnación.

Los profetas difieren de otros seres en que el Dios Gene en su ADN espiritual les permite el acceso directo a la comunicación directa de El Señor. Esto es para ayudarlos en su misión. Esto es necesario porque en toda la miríada de generaciones que han existido, muy pocos Profetas están encarnados. El Señor se comunica con la humanidad en incrementos durante largos períodos de tiempo. Los profetas necesitan ayuda adicional para difundir el mensaje y sustentarlo a lo largo del tiempo. Los profetas no son mejores que otras personas. Ellos son simplemente diferentes. Si bien todos los seres tienen un propósito y misión únicos para ellos, los profetas tienen la misión de informar a la humanidad. Han elegido encarnar únicamente para este propósito. Pueden tener otras cosas que hacen en sus encarnaciones, pero informar a la humanidad es su enfoque.

Así como la Ciencia comenzó a desentrañar los misterios del ADN físico hace siglos, la ciencia ahora puede comenzar a desentrañar los misterios del ADN espiritual. La ciencia no estudia las cosas hasta que se cree que existen. Hasta que el Señor reveló la existencia del ADN espiritual (entre otras cosas) en este volumen, no era conocido por la humanidad. Ahora que se sabe, se puede profundizar. Comenzará con discusiones sobre si existe ADN espiritual o no. Se convertirá en hipótesis y teorías sobre él y luego en el diseño de experimentos para probar o refutar su existencia y, finalmente, evolucionar hasta desentrañar sus misterios hasta que el ADN espiritual se comprenda como el ADN físico en la actualidad.

7. La Naturaleza del sufrimiento y sacrificio

"El sufrimiento y el sacrificio pueden enseñar lecciones que pueden conducir a la iluminación". El sufrimiento es un estado del ser que se acentúa por el estado emocional del ser y / o el ego. La vida presentará muchas oportunidades para el sufrimiento, pero el sufrimiento es tan malo como usted lo permita. El sufrimiento puede ser minimizado o intensificado por la manera en que reaccionas.

El sufrimiento es parte de la vida. Está destinado a construir el personaje. En estos tiempos, a menudo crea amargura, resentimiento y odio. El sufrimiento puede ser tu mejor maestro si sabes cómo aprender de él. Es a través del sufrimiento que aprendes lo que no te gusta y tienes la oportunidad de hacer los cambios que eliminarán el sufrimiento. Escucha tu sufrimiento, analiza cuál es su causa y trabaja para corregir la causa.

El sufrimiento es también un estado mental. El dolor puede ser muy real, pero hay dos tipos de dolor, físico y mental / emocional. La mente y el espíritu pueden minimizarlos y, en ocasiones, eliminarlos a ambos. Los anales de la historia están llenos de aquellos que han entrado en un estado de trance y han sido capaces de superar el dolor físico. El dolor mental y emocional también se puede superar. La vida está llena de reveses, desastres y accidentes. Muchos tienen una cierta tendencia a revolcarse en la autocompasión. Esto solo alarga el tiempo y el efecto del sufrimiento. Enfocarse en posibles soluciones en lugar de centrarse en llorar sobre el problema puede ayudar a minimizar el sufrimiento En el gran esquema de las cosas, el sufrimiento está destinado a dar una lección. Si la lección es para un individuo, un grupo, una cultura, una nación o un planeta depende del sufrimiento. La naturaleza del sufrimiento es que continuará hasta que se aprenda la lección. Algunas veces se requiere mucha repetición hasta que se aprende la lección. Tanto las buenas como las malas personas cosechan los beneficios de la luz del sol. Tanto la gente buena como la mala reciben lluvia para sus cultivos. El caos y el desastre afectan tanto a los buenos como a los malos. La diferencia después de la tragedia es la lección aprendida o no aprendida. La naturaleza del sufrimiento es que continuará hasta que se aprenda la lección. Esto es cierto para un individuo, una comunidad, una nación o un planeta.

El sacrificio es negarse a sí mismo algo con el propósito de avanzar hacia un resultado o meta planificada. Esto puede funcionar para un objetivo individual (como expiación o iluminación espiritual), un objetivo familiar (ahorrar dinero para la universidad de su hijo, dejar de fumar para que pueda vivir lo suficiente para ver a su hijo ir a la universidad) o un objetivo comunitario (como reducir sobre la contaminación a través del reciclaje).

El sacrificio también está destinado a construir el carácter. También enseña lecciones. Más allá de esto, el sacrificio ayuda a alcanzar los objetivos. Tiene un producto final que es tangible. Ir sin algo o con menos de algo un día, podría significar que estará disponible otro día. Esto habla directamente hacia la conservación de recursos, ya sean recursos del individuo o del planeta.

Si bien raramente existe la necesidad de sufrir (aparte de la catarsis, la construcción de carácter o la enseñanza de una lección), y el sufrimiento puede ser minimizado por las perspectivas personales, a menudo hay una necesidad de sacrificio. Las personas que despilfarran lo que tienen en un corto período de tiempo o que actúan como glotones, acaparamiento y aprovechamiento de los recursos a menudo terminan sin recursos o sin amigos, o ambos. La vida es un largo recorrido. Se necesita sacrificio para llegar a la línea de meta. Las personas que no sacrifican a menudo se vuelven egoístas. Las comunidades que no sacrifican a menudo se encuentran sin recursos. Las sociedades que no sacrifican, rara vez logran algo digno de mención.

8 El Verdadero significado del fracaso

"El éxito a menudo llega en los faldones del fracaso".

¿Alguna vez has fallado en algo? Por supuesto que tienes si, usted es como la mayoría de las personas, el fracaso es una ocurrencia común. No porque todos sean fracasados completamente, sino porque el fracaso es parte del proceso de aprendizaje. Si eres como yo, probablemente fracasas en la mayoría de las cosas nuevas que intentas. Si sigues intentando sin embargo, te mejores.

¿Sabes cómo caminar? ¿Puedes hablar? Estas son cosas que aprendiste de bebé. Cuando eras un bebé, das los primeros pasos y caes y vuelves a caer pero sigues intentándolo. Probablemente tenías curiosidad sobre este nuevo modo de transporte que usaban tu mamá y tu papá.

¿Qué hubiera pasado si dejaras de caminar? ¿Te imaginas cómo sería tu vida si tuvieras que gatear por todas partes? No te rendiste. ¡Sigues intentando y aprendiendo de tus errores y haciendo correcciones y ahora, estás caminando como un campeón!

No puede haber éxito sin fracaso. El éxito es a menudo una cuestión de prueba y error. Lo que los científicos llaman error, el resto de nosotros llamamos fracaso. El fracaso es una oportunidad para aprender. Aprendes lo que no funciona. Puedes creer que todo no funciona, no puedes hacerlo y probablemente nunca lo harás y te rindes o puedes intentarlo de otra manera.

El fracaso puede ser la clave que abre la puerta al éxito. Además de aprender lo que no funciona, el fracaso puede enseñarle qué salió mal y por qué salió mal. Si analiza una falla y rastrea todos los pasos que dio antes, puede ver exactamente dónde salió mal y, una vez que sabe dónde salió mal, a menudo le lleva a saber cómo y por qué se equivocó. Saber dónde, cómo y por qué salió mal puede brindarle información que le permite hacer "Correcciones, correcciones que llevarán a ajustes que con el tiempo llevarán al éxito". La información producida por el fracaso puede ser la clave que abre la puerta al éxito.

9 La naturaleza de la Addiccion

"Las adicciones pueden presentarse como su camino, pero en realidad son desvíos peligrosos".

Pasamos una parte de nuestras vidas apoyados en muletas. Las muletas son cosas en las que nos apoyamos. Pueden manifestarse como adicciones. Las personas pueden ser adictas a sustancias como las drogas o el alcohol. Pueden ser adictos a diversiones como juegos de azar, pornografía, sexo, deportes o actividades físicas.

Para algunos, las adicciones pueden ser el punto focal de sus vidas, la cosa en torno a la cual se centra la mayor parte de su existencia. Para otros, es simplemente una distracción de tiempo parcial la que pueden mantener a raya la mayor parte del tiempo. Muchas adicciones comienzan como diversiones de tiempo parcial, pero aumentan el impulso a lo largo del tiempo hasta que se vuelven consumidoras.

Muchas personas tienen personalidades adictivas. Se vuelven fácilmente adictos a algo. La adicción que elijan puede causar un daño parcial o catastrófico dependiendo de lo que sea la adicción y cuánto le permitan tomar control de sus vidas. La gente a lo largo de la historia ha controlado las adicciones a través de la sublimación, cambiando una muy mala adicción por una que no es tan mala o algo positivo.

Las adicciones pueden provenir de una necesidad o anhelo que no se cumple. La necesidad puede ser física, mental o emocional. Hay muchas circunstancias que están más allá de tu control en tu viaje por la vida Algunas veces estas situaciones pueden causar una necesidad o anhelo de recuperar el control. Esta necesidad puede comenzar en el camino hacia la adicción. No encontrar el amor puede causar obsesión sexual / comportamiento de acoso. El aburrimiento puede causar la búsqueda de emoción que podría manifestarse como el juego o el consumo de drogas. Sentirse impotente ante su vida y / o sus problemas puede provocar el consumo de drogas y alcohol en un esfuerzo por medicar su dolor.

Las personas que son adictas reciben varias advertencias sobre la escalada de sus adicciones. Estas advertencias pueden provenir de amigos y familiares preocupados o de circunstancias en las que los adictos se encuentran como resultado de su adicción. Aquellos que son adictos a algo primero deben darse cuenta de que son adictos y deciden hacer un cambio. Lo que a menudo es útil para muchas personas adictas es trabajar dentro de una comunidad de otras personas que son igualmente adictas, reconocerlo y haberse comprometido con el cambio para terminar con la adicción. En el momento en que esto se ha escrito, estos se conocen como programas de 12 pasos.

10 Encontrar tu regalo (s)

"El regalo está en tu forma de pensar, el poder en los sueños que te atreves a ser".

Tienes un propósito y una misión en la vida. En tu camino hacia la iluminación necesitarás encontrar tus dones. Todos tienen regalos especiales. Algunos pueden arreglar cualquier cosa. Otros pueden tocar un concierto difícil a la perfección. Aún otros tienen una extraña relación con los animales salvajes. Algunos regalos que adquieres durante el viaje, otros con los que naces.

¿Sabes cuáles son tus regalos? Piense en las cosas que hace bien o las cosas que de alguna manera se adaptaron a extremadamente fácil. Podrían ser tan fáciles de identificar como talento especial (como cantar) o difícil debido a su sutileza (como poder comunicarse de una manera que sea comprendida por diferentes tipos de personas). Puede tratar de preguntar a amigos y parientes cuáles creen que son sus puntos fuertes o qué admiran de usted.

Mire hacia atrás en su vida e identifique las cosas en las que ha tenido éxito. Intente vincular las fortalezas que usted y otros han identificado con ejemplos de cosas que ha logrado como resultado del uso de esas fortalezas. Las cosas que has logrado no tienen que ser simplemente identificables. Por ejemplo, alguien con habilidad mecánica podría haber identificado lo que estaba causando un pequeño problema con el automóvil de su papá y arreglarlo, ahorrándole a su padre algo de dinero en una factura de reparación. Esto podría ilustrar cómo alguien que usa una habilidad identificada (mecánica) benefició a su familia (ahorrando dinero en el costo de una reparación).

Hacer una lista. En un lado del papel escriba sus puntos fuertes identificados y en el otro escriba los éxitos o beneficios obtenidos al usarlos. Enumera algunos objetivos que tienes en la vida. Mira tus puntos fuertes. Luego, intente averiguar cómo puede usar sus regalos para ayudarlo a lograr sus objetivos. Si alguna vez duda sobre qué objetivo tratar de lograr, trate de ver cada objetivo en el contexto de cuántas de sus fortalezas se pueden utilizar para ayudarlo a lograrlo. El objetivo que tiene la mayoría de sus puntos fuertes necesarios para lograrlo podría ser el que le resulte más fácil de lograr.

11 El camino al cielo

"Si quieres entrar al cielo, deja tu ego en la puerta".

El Señor ama la religión. El Señor ama a las personas religiosas. Las personas profundamente religiosas y piadosas no son solo personas que defienden su creencia en El Señor, también lo son los pilares de cualquier comunidad de la que forman parte. Las personas que son profundamente religiosas tienen una ventaja cuando se trata de entrar al cielo. Su religión les proporciona una forma de entrar al cielo. Lo creen y cuando mueren, su espíritu puede usarlo. Su creencia religiosa les proporciona un camino hacia el Cielo.

Para el 99% de la raza humana, el camino elegido es el camino elegido por su creencia religiosa. Cada religión tiene su propio camino al cielo, gobernado por sus propias reglas. En general, su camino al cielo se rige por las reglas que rigen el camino que elija mientras sea un invitado aquí en esta vida y en este planeta en particular.

A pesar de lo que hayas leído o escuchado en otros lugares, hay muchos caminos hacia el Cielo. Otros han afirmado que su camino es el único camino hacia el cielo, pero esto se deriva más de un deseo de atraer seguidores a su religión que de la inspiración divina. También recuerde, la mayoría de los Profetas que han venido antes que yo tampoco pusieron sus conocimientos en forma escrita ellos mismos o la mayoría o algunas de sus escrituras originales se nos han perdido. Estoy poniendo las cosas que me enviaron en forma escrita, pero sé que con el tiempo, es probable que mis escritos originales desaparezcan o sean adulterados después de que mi tiempo en este planeta haya expirado.

El Señor es un amante de la igualdad de oportunidades. El Señor ama a todas las almas a pesar de la forma de encarnación que toman en sus vidas. Recuerde que no todas las almas viven en forma humana, pero siguen siendo iguales a los ojos de El Señor, incluso si la humanidad no las considera iguales.

Así como el Señor ama a los que son religiosos, el Señor ama a los que no son religiosos. Hay muchas personas que están afiliadas a una religión y que no practican o no están afiliadas a ninguna religión en absoluto. ¿De verdad crees que un Dios amoroso podría condenarlos solo porque nunca vieron la luz? Si realmente crees que el Señor es el ser más benévolo del universo, ¿cómo? ¿Podrías creer que todos los que no eran religiosos iban al infierno? ¿Que todo niño, niño o persona que muriera antes de que pudieran ser salvados por una religión, tendrían que sufrir el mismo destino a pesar de ser inocentes o vivir una vida recta? Yo no los condenaría y yo no soy el Señor. No condenarlos me haría más benévolo que el Señor. La simple verdad es que no puedo ser más benévolo que el Señor, y por lo tanto, el Señor tampoco los condenaría.

Justo ahora, puedes estar pensando, "Entonces, ¿dónde está la justicia?" ¿Cómo puede alguien que no ha sido religioso y piadoso durante toda su vida ir al cielo cuando no hizo el trabajo que yo hice? La justicia está en la esencia del alma y en el gran esquema de las cosas.

Todos son juzgados por lo que se les ha dado desde el comienzo de su existencia y lo que han hecho con él. Todas las almas vienen a esta vida imbuidas de ciertos talentos y desventajas. Ellos nacen en ciertos ambientes. Al principio son como materias primas, y la suma total de su vida al final es el producto terminado.

Todas las almas, en su forma más pura, viajan desde El Señor a esta vida. Las almas en su forma más pura han incorporado en ellas un Plan Espiritual que conoce la diferencia entre el bien y el mal. Este Plan Espiritual le permite a cada alma la capacidad de tener una conciencia. Esto combinado con el Dios Gene en su ADN espiritual permite que todas las almas se comuniquen directamente y reciban comunicaciones directas de El Señor y tengan la conciencia para evitar que los seres vivos de los que forman parte, realicen acciones incorrectas.

Las acciones incorrectas son aquellas que desagradan al Señor. Acciones que hacen daño a otros de cualquier manera o forma disgustan al Señor. Esto también incluiría esperar y permitir que otros realicen acciones que dañen a los demás. El Señor ama la armonía, la tolerancia y la compasión. Aquellos que son tolerantes y compasivos tienden a vivir en armonía con sus vecinos. Sin embargo, la armonía, la tolerancia y la compasión deben combinarse con valentía, justicia y honestidad. Aquellos que son justos y honestos y que tienen el coraje de enfrentarse a los demás para asegurarse de que la imparcialidad y la honestidad prevalezcan ayudan a asegurar que la justicia también pueda prevalecer. Alguien que es tolerante y compasivo puede tolerar a un vecino que golpea a sus hijos por el bien de mantener la armonía con ese vecino. Una persona tolerante, compasiva, honesta, justa y valiente podría tener compasión por el golpeador, pero también tendría compasión por los niños y tendría el coraje de llamar a las autoridades para asegurarse de que las palizas se detuvieran y las necesidades de ambos, batidor y batido dirigido.

Las almas en su forma más pura saben distinguir el bien del mal. Ellos saben lo que le agrada a El Señor. Nacen en esta vida con talentos y desventajas y en un ambiente particular. Entonces, ¿cómo van tan mal? Los talentos y las desventajas combinadas con el entorno y las experiencias de vida agregan mucho equipaje extra al alma.

El alma completa de un ser vivo tiene tres partes que reflejan un átomo. Hay un núcleo con dos partes, el Alma Pura u Original y el Gene Dios rodeado por una capa externa protectora llamada espíritu. El Alma Pura / Original conocida como tu Alma Perfecta, está cargada positivamente. El ADN espiritual Dios Gene no tiene ningún cargo. El Espíritu está cargado negativamente.

El propósito de la Alma Perfecta con carga positiva es registrar qué talentos y desventajas le han sido dadas, informando a su espíritu lo que es correcto y lo que está mal, y determinando lo que su espíritu debe hacer para regresar al Señor. Presencia al final de tu vida El propósito del Dios no cargado / ADN espiritual es actuar como un conducto para la comunicación directa con El Señor. El propósito de tu capa exterior, espíritu cargado negativamente, es absorber los impactos que las experiencias de la vida tienen sobre ti, creando así una personalidad individual única, pero también protegiendo al Alma Perfecta y al Gen de Dios del impacto de las experiencias de la vida. Con el tiempo, tu espíritu puede obstruirse con toda la basura que tu experiencia de vida te ha enseñado.

Cuando pases de esta llanura mundana, tu Alma Perfecta, que en realidad es una bola de luz muy pequeña, eventualmente volverá a El Señor (para muchos, esto es lo que comúnmente se conoce como Cielo). No puede haber basura en presencia de El Señor. Entonces, ¿cómo estas pequeñas bolas de luz con filtros llenos de basura entran en el cielo? Hay filtros más estrictos que rodean el Cielo. Solo las almas en su forma pura pueden regresar. Para entrar al Cielo, la basura tiene que ser filtrada.

Su alma perfecta usa un plan para determinar qué acciones correctas y qué acciones incorrectas que has realizado en tu vida. El plan se rige por las reglas que el Señor diseñó. No las reglas por las que viviste. No son las reglas que te enseñaron y para algunos, no las reglas que tu religión te enseñó. Cuando pasas, tu Alma en su forma más pura, no tu basura abarrotada, el Espíritu controla tu destino. Determina lo que has hecho bien y hecho mal. Determina la recompensa o el castigo que experimentará.

Una vez que la recompensa o el castigo han sido determinados y completados, tu espíritu puede limpiarse y fusionarse con tu Alma Perfecta y el Gene Dios, formando un nuevo embrión similar al nacimiento terrenal y creando una nueva Alma Mejorada que puede pasar a través del filtro al Cielo. El Alma Perfecta se convierte en el registrador de las experiencias de vida y el Espíritu purificado se convierte en el recuerdo de la vida vivida y lecciones aprendidas. El Dios Gene se pliega en el alma y actúa como un dispositivo de comunicación directa.

A medida que cada alma trae lo que ha aprendido de su experiencia de vida, lo que es Dios se enriquece pero el alma que viene a Dios no es el alma con la que has vivido, es el alma con la que naciste, enriquecida por tu experiencia de vida pero no contaminado por eso. Dios no evoluciona, ni tampoco el alma con la que naciste, ya que son una constante y evolucionaron mucho más allá de los seres humanos.

Su sistema de creencias puede desempeñar un papel y, a menudo, juega un papel importante en el tipo de recompensa o castigo que recibirá. Sin embargo, tenga en cuenta que será un Cielo o un Infierno creado por usted mismo. Si crees que el Cielo es un lugar en las nubes poblado por Ángeles y todos tus seres queridos, eso es lo que experimentarás cuando tu alma de pura forma determine que estás listo para ir allí. Sin embargo, si crees que el Infierno es fuego y azufre, puedes terminar yendo allí al menos hasta que tu Alma Pura determine que es hora de que regreses al Señor. Si, por otro lado, crees que vas a reencarnarte, eso es lo que te sucederá cuando tu Alma Perfecta determine que es el momento.

Entonces, mientras estás aquí, pon el trabajo. Vive tu vida, pero trata de mejorar las cosas no solo para ti y para tus seres queridos, sino también para todos los que están aquí y para todos los que estarán aquí en el futuro. El mundo está en una encrucijada. Tenemos bajo nuestro control, el poder de destruirnos a nosotros mismos y a este planeta. La raza humana puede hacer esto rápidamente a través de la guerra nuclear global o lentamente a través de la mega contaminación. Ambos caminos son mortales, uno es más rápido que el otro. Sus acciones mientras está aquí ayudan a determinar las acciones de todos los demás. Así como sus acciones determinarán su futuro, las acciones de la humanidad afectarán el futuro de la humanidad. El viaje al Cielo comienza con los pasos que tomas hoy.

12 El bello ate de morir

"Morir puede ser un viaje en lugar de una carga".

La muerte es una parte inevitable de la vida. Estar preparado para ello ayuda tanto al que está muriendo como a los que quedan atrás. Aliviar la carga de las facturas asociadas con la muerte y el entierro o la cremación es algo que todos pueden hacer. Algunas personas tienen trabajos con beneficios de muerte. Otros pagan primas de seguro de vida. Algunos gobiernos tienen un beneficio de seguridad social que grava a la gente trabajadora, pone el dinero para usar y luego devuelve los impuestos, con intereses, en efectivo cuando se retiran, pero a veces también cuando mueren.

Para aquellos que están organizados, mantengan sus asuntos en orden y cuenten con un testamento que explique quién obtiene qué de sus bienes tiene la tranquilidad de saber que sus seres queridos están provistos. Aquellos que les dicen a los que aman cómo se sienten tienen la tranquilidad de saber que sus seres queridos saben que fueron amados. Aquellos que tienen sus asuntos en orden y les dicen a sus seres queridos cómo se sienten pueden estar en paz con el hecho de que no han dejado demasiados cabos sueltos para que sus parientes, sepan cuánto los aman, y estén libres de cargos.

Aquellos que generalmente no están organizados, no tienen sus asuntos en orden, o no se toman el tiempo para decirles a sus seres queridos que son amados, pueden dejar este mundo con muchas preguntas sin respuesta y pueden tener una conciencia inquieta o culpable en ese momento de su partida.

La forma de muerte a menudo tiene sus propios beneficios y consecuencias únicos. Aquellos que mueren rápidamente (como en un accidente o un desastre natural) se libran de sufrir, pero no tienen tiempo para poner sus asuntos en orden o contarles a todos sus seres queridos cómo se sienten. Sus seres queridos están atrapados sin preparación para su muerte, que puede hundirse a la desesperación y el caos, hasta el punto de desintegrar la unidad familiar. Ahí es donde prepararse antes de tiempo es útil. Le permite a sus seres queridos saber cómo se siente más allá de la tumba.

A una muerte lenta y prolongada (como por enfermedad) se le asigna tiempo para poner sus asuntos en orden y decirles a los que aman cómo se sienten. También tienen tiempo para preparar a sus seres queridos para lo inevitable. La compensación es un sufrimiento prolongado tanto para los moribundos como para los seres queridos que los ven desaparecer un poco a la vez. Cuando aquellos con una enfermedad prolongada mueren, sus seres queridos a menudo se han estado preparando para ello. Están tristes por su pérdida, pero están en paz con el hecho de que el sufrimiento de su ser querido ha llegado a su fin.

Muerte, ya que la vida es una cuestión de

percepción. Aquellos que creen que han vivido justamente y que creen que hay algo para el alma más allá de la muerte, nos dejan listos para participar en la próxima aventura. Aquellos que no han vivido justamente o que creen en la nada después de la vida, temen a la muerte porque sienten que les espera un gran castigo o que simplemente dejarán de existir y nunca más disfrutarán de las cosas que disfrutaron mientras vivían.

Lo que sucede cuando mueres es lo que sucede. No puedes cambiarlo Solo puedes cambiar la forma en que la experimentas a través de la manera en que la ves a medida que atraviesas la experiencia. Prepararse para la muerte antes de que suceda puede ayudarlo a considerarla una carga menor para usted y para los demás. Decirles a los que amas que son amados todos los días, puede reforzar el hecho, de modo que si no tienes tiempo para decírselo cuando te vayas, ya lo saben, pueden ayudarte a tranquilizar tu conciencia. Enmendar los errores que ha cometido en su vida, ya que una práctica continua puede ayudarlo a aliviar la culpa futura. Actuar con compasión y compartir su amor con el mundo puede ayudarlo a desaparecer, pero no a olvidar.

13 Que sucede cuando mueres

"Hay una trilogía al comienzo de la vida y al final de la vida".

Desde el comienzo de los tiempos, la humanidad se ha preguntado qué sucederá cuando muramos. Diferentes religiones y culturas responden a esta pregunta de manera diferente. Los estudios de casos de personas que han muerto y regresan llegan a conclusiones variables.

Así como la esperma y el huevo se forman para crear un nuevo organismo (la trilogía de la procreación) y los bloques de construcción de la vida, el átomo tiene tres partes (protón, neutrón y electrón, la trilogía atómica) hay una Trilogía Espiritual al final de vida. Todos somos almas perfectas. Elegimos experimentar la existencia como un ser vivo. Llamamos a este estado de existencia vida. Comenzamos la vida como almas perfectas. Nuestra Alma Perfecta tiene dos capas, una capa externa protectora conocida como el Espíritu y una capa interna protegida, que es el Alma Perfecta real. Ambos están alojados en nuestro cuerpo.

La función de tu Espíritu es servir como una capa protectora para tu Alma Perfecta que absorbe las cosas que te suceden en la vida. Las cosas que experimentamos durante nuestras vidas actúan sobre nosotros y hacen impresiones sobre nuestro Espíritu. Con el tiempo estas impresiones lo rodean y lo cambian. Tu Alma Perfecta permanece dentro de tu Espíritu como una capa interior protegida de ADN espiritual. No cambia y actúa como un testigo silencioso de las pruebas, tribulaciones, traumas y alegrías que experimenta, así como de las cosas buenas y malas que hace en la vida. Registra todas estas cosas y cualquier cosa que hayas aprendido de ellas como testimonio de tu vida.

Cuando mueres, la trilogía espiritual, tu cuerpo, tu espíritu y tu alma perfecta hacen lo contrario de lo que hicieron el esperma y el óvulo en la concepción. Tu cuerpo, que fue creado en la concepción, se cae y tu Espíritu lo abandona. Lo que te sucede cuando mueres está determinado por tu Alma Perfecta. Tu Alma Perfecta es con quien el Señor te envía aquí. El Alma con la que naces no es el Alma con la que mueres. Mueres con tu Alma Perfecta intacta. Está justo dentro de tu Espíritu. Tu Espíritu está cubierto con la basura que queda de tu experiencia de vida. Las porquerías que cubren tu Espíritu pueden incluir cosas como malas decisiones que hayas tomado, traumas que no has dejado ir, personas y cosas que no quieres abandonar, las creencias y emociones que has tenido. Todas estas cosas y más se adhieren y cubren tu Espíritu, que ha cumplido su función, absorbiendo los sobresaltos que tu existencia ha acumulado sobre ti y protegiendo tu Alma Perfecta. Tu Espíritu deja tu Cuerpo en el momento de la muerte. Tu Alma Perfecta determina cuándo te conducirá de vuelta a El Señor.

Muchas personas son conducidas allí de inmediato. Otros pueden tener un período de espera. No importa la cantidad de basura que sus creencias y acciones hayan acumulado sobre su Espíritu, su Alma Perfecta sabe qué hacer antes de poder entrar en la presencia del Señor. Las creencias y acciones de algunas personas pueden abrumarlos después de la muerte y hacer que se conviertan en espíritus ligados a la tierra. Otros pueden haber vivido imprudentemente pensando que todavía tenían tiempo para arrepentirse o pensaban que estaban destinados al infierno de todos modos y que también podían disfrutar de la vida mientras estaban allí, incluso si su búsqueda de alegría hacía a otros miserables. Pueden esperar durante un tiempo en una especie de limbo que la humanidad ha llamado purgatorio o puede sufrir a través de varias reencarnaciones, pero eventualmente llegará a su destino.

SALMOS

Estoy más allá de tu percepción de mí
Por el Profeta de la Vida

VERSO 1
Es solo la punta del tempano que sabes
Solo has arañado la superficie
Lo que está frente a ti es un alma infinita
Una vida que está llena de propósito
Soy más de lo que
Alguna vez sabrá
Más de lo que ves

CORO
Estoy más allá
Tu percepción
De mí

VERSO 2

Me conoces desde hace mucho tiempo
Vivo y trabajo a tu lado
Has descontado este corazón mío
Aunque es verdad
Mi amor es más brillante
Que las estrellas
Más profundo que el mar

CORO
Estoy más allá
Tu percepción
De mí

VERSO 3

Caminamos solos, a lo largo del camino
Encuentra almas gemelas de paso
Aprende lecciones después de las secuelas
De cicatrices que son eternas

La vida es un viaje
De llegar a ser
Todo lo que podemos ser

CORO
Estoy más allá
Tu percepción
De mí

Ser amado

Una canción del profeta de la vida

VERSO 1

Que cálida sensación es
Ser sostenido
Para ser tocado
Ser cuidado con ternura
Pero sobre todo para ser amado

Una vez que vi a un hombre rico
Hundirse de rodillas y comenzar a llorar
Él construyó un poderoso imperio de concreto y
acero
Pero sin amor, él no era nada

CORO
Todos queremos ser amados
Dije que todos queremos ser amados
Ya sabes, todos queremos ser amados
Ser amado
Ser amado

VERSO 2

Cuando la noche es fría y estás cansado
Y las cargas que llevas son demasiadas
Es una clase especial de comodidad
El saber que eres amado

Pronto los problemas que tienes parecen mezquinos
Y los grilletes alrededor de tu alma se derriten
Y el amor que sientes te rodea
Y de alguna manera te da fuerza

CORO

Todos queremos ser amados
Yo digo que todos queremos ser amados
Ya sabes, todos queremos ser amados
Ser amado
Ser amado

VERSO 3

Un hombre rico puede perder su fortuna
Un hombre de poder puede volverse corrupto
Pero es un hombre sabio que conoce el secreto
De la felicidad de ser amado
Todos queremos ser amados
Dije que todos queremos ser amados
Ya sabes, todos queremos ser amados
Ser amado
Ser amado

No hay tiempo para llorar
Una canción del profeta de la vida

VERSO 1

Todo se está cayendo a pedazos, pero no estoy
llorando
Siempre puedo hacer un nuevo comienzo
Y seguir intentándolo
Causan los malos momentos que están obligados a
pasar
El truco es hacer que los buenos tiempos duren

CORO
No tengo tiempo para llorar
No hay tiempo para llorar
La vida es demasiado corta
Para dejarlo pasar
Así que no tengo tiempo para llorar

VERSO 2
La vida no siempre una luz de sol
Debe haber algo de lluvia
Pero siempre hay formas de lidiar con el dolor
Causan los malos momentos que están obligados a
pasar
El truco es hacer que los buenos tiempos duren

CORO
No tengo tiempo para llorar
No hay tiempo para llorar
La vida es demasiado corta
Para dejarla pasar
Así que no tengo tiempo para llorar

Nacido para ganar
Una canción del profeta de la vida

VERSO 1
Nada puede detenerte
Una vez que tienes una actitud ganadora
Pon tu plan en movimiento
Obtenga su futuro en movimiento

PUENTE
Ve por la gloria
Busque la parte superior
Fije su vista en un objetivo
Y dale todo lo que tienes

CORO
Nacido para ganar
Naciste para ganar
Las probabilidades están de tu lado
Una vez que comienzas
No puedes perder
Porque naciste para ganar

VERSO 2
Arar a través de los controles de la carretera
Que están sentados en tu camino
Con lo que tienes para seguir
No hay necesidad de tener miedo

PUENTE
Ve por la gloria
Busque la parte superior
Fije su vista en un objetivo
Y dale todo lo que tienes

CORO
Nacido para ganar
Naciste para ganar
Las probabilidades están de tu lado
Una vez que comienzas
No puedes perder
Porque naciste para ganar

El don

Una canción del profeta de la vida
VERSO 1

Sigues tratando de encontrar la Felicidad total
Sin embargo, una y otra vez Terminas
conformándote con menos
Pero el sol sale cada mañana
 Así que intentas otra vez
Mientras tu mente sigue vagando
Para llenar el vacío en tu vida

CORO
El don está en el pensamiento
El poder en los pensamientos de que te atreves
Y siempre que lo necesites
El don siempre estará ahí

VERSO 2
A veces estás perdiendo otras veces ganas
La diferencia depende de cómo uses el don
Sigues buscando respuestas
Pero las preguntas son todo lo que obtienes
Mientras tu mente solo sigue vagando
Y de alguna manera te da fuerza

CORO
El don está en el pensamiento
El poder en los pensamientos que te atreves
Y siempre que lo necesites
El don siempre estará ahí

Todos hacen la diferencia
Una canción del profeta de la vida

VERSO 1
Todos hacen la diferencia
Todos pueden ser una estrella
Todos son importantes
No importa quién o qué son
Todos pueden ser un héroe
Todos tenemos la oportunidad de brillar
Todos hacen un impacto
En su propio espacio y tiempo

VERSO 2
Todos hacen la diferencia
En todo lo que hacen y dicen
Todos dejan su huella en la humanidad
Antes de que mueran
Todos tienen algo especial
Eso los diferencia del resto
Eso llena un vacío que yace en algún lugar de este
mundo
Da fuerza donde falta fuerza

VERSO 3

Todos hacen la diferencia
Todos únicos pero iguales
Todos juegan un papel en la fuerza positiva
Eso nos cuida a todos
Todos son un tesoro
Todos son hermosos
Todos nacen con la bondad
Y hay algo bueno en cada alma

Cuando el Espíritu me mueve
Una canción del profeta de la vida

VERSO 1
Bienvenido a mi vida
Atrapado en estas páginas
De una novela de nueve a cinco
El zumbido de la computadora
El sonido del registro
Ellos son mis compañeros constantes
Completo con ilustraciones
De un mar interminable de caras sin emociones
Recolectando su paga
Contando los días
Hasta que el retiro los condena

CORO
Pero cuando el espíritu me mueve
Cuando el espíritu me mueve
Puedo liberarme
Y hacer cosas grandes
Como si supiera para que estaba destinado
Cuando el espíritu me mueve
Cuando el espíritu me mueve
Las segundas oportunidades surgen
A medida que los sueños cobran vida
Y luego se vuelven realidad

VERSO 2
A medida que la trama se desarrolla
Lucho con la angustia
De una vida que no va a ninguna parte
Veo a otros pasar de largo
Y siento que seguramente moriré
A manos de la frustración
Pero al final encuentro
Que hay una razón
Para mi existencia mundana
Y mejores cosas brillarán
Una vez que puedo encontrar
Una forma de dejarlos

CORO
Pero cuando el espíritu me mueve
Cuando el espíritu me mueve
Puedo liberarme
Y hacer cosas grandes
Como si supiera para que estaba destinado
Cuando el espíritu me mueve
Cuando el espíritu me mueve
Las segundas oportunidades surgen
A medida que los sueños cobran vida
Y luego se vuelven realidad

Biografia del El Propheta de la Vida

El Profeta de la Vida es periodista, autor y compositor. El escribe libros espirituales de fe así como temas actuales, de literatura temática libros para Love Force Publicación International.

Tengo una gran variedad y extensa experiencia en la vida y esas experiencias enriquecen mi escritura. Yo escribo sobre temas espirituales así como temas de importancia global. Yo escribo no ficción que te dice como son las cosas orientadas a una solución como algo opuesto solo para quejarse de las cosas. Yo tengo libros con temas como crimen y castigo, racismo y fe.

Me gusta escribir cosas con perspectiva única. Me gusta desafiar a la percepción de mi lector y permitirles que descubran nuevas percepciones. Si una lección puede ser tejida en la tela de la palabra escrita, tanto mejor pero la lección es a menudo sutil.

Yo trato de ver las cosas de la forma en que son o de la manera que puedan ser. Eso de deja ver las posibilidades entre varias situaciones ambas en mi vida y las historias que escribo. Como resultado, a menudo puedo agregar giros y vueltas que los lectores no verán venir probablemente en la ficción que escribo. A menudo puedo comunicar cosas desde perspectivas únicas y diferentes y ver soluciones a problemas y problemas que me comunican en mí no ficción.

No tengo miedo de correr riesgos tanto en mi vida como en mi escritura. He abordado temas polémicos en ambos. Mi blog de no ficción de Word Press, Insight, un blog de El Profeta de la Vida, está lleno de ejemplos. Tengo un sentido del humor raro y he escrito cosas humorísticas, así como graves. Empecé en un canal de You Tube y ahora tengo más de 100 videos que tienen palabras y música, pero no fotos. A pesar de que no hay fotografías, más de 150.000 personas de 210 naciones diferentes han visto los videos en mi canal You Tube.

Me gusta escuchar de mis lectores. Me gusta escribir. Espero que encuentre mis libros interesantes y entretenidos.

Libros en Espanol de Kindle

Por Amor Fuerza Internacional compañia de publicaciónes

Todo ese n Ingles tambien!

Cada Kindle e-book es sólo 99 centavos! (NOS) o el equivalente de $ 1.00 U.S. en moneda local para naciones fuera de los Estados Unidos de América.

Si estás interesado en historias reales, ficción, humor, acción, aventura, ideas espirituales, citas, poesía, autoayuda o libros infantiles, Love Force International lo tiene cubierto. Nuestro compromiso de 99 centavos, nuestro compromiso a un precio de 99 centavos para todos nuestros títulos de libros para que las personas de todo el mundo puedan pagarlos significa que nunca ha habido un mejor momento para abastecerse de Libros publicados por Love Force International.

Love Force International Publishing Company es una compañía editorial de servicios completos que se compromete a ofrecer una amplia selección de publicaciones a precios asequibles. Todos nuestros libros electrónicos son 99 centavos. Todos nuestros libros de bolsillo tienen al menos 100 páginas de longitud. La mayoría van desde $ 6.50 a $ 7.50. Ofrecemos una amplia variedad de literatura en diferentes formatos e idiomas. Una lista completa de nuestros libros de bolsillo está al final de esta sección. Ofrecemos tanto libros electrónicos como libros de bolsillo. Ofrecemos libros en inglés y libros en español. Ofrecemos tanto ficción como no ficción. Ofrecemos literatura para todas las edades desde niños hasta adultos. Ofrecemos literatura en varios géneros, incluyendo: Acción y Aventura, Humor, Distópico, Étnico, Infantil, (desde muy jóvenes hasta Juvenil) Místico, Oculto, Horror, Espiritual y Religioso, así como Poesía. Ofrecemos no ficción en varios géneros que incluyen crímenes verdaderos, temas inspiradores, problemas globales, autoayuda e incluso citas. Nuestros libros están disponibles como libros electrónicos e impresos a través de Amazon Kindle exclusivamente.

NOTA: Los libros con ASIN están disponibles ahora, los otros estarán disponibles pronto. Todos los títulos listados están impresos en español. Los libros con un **Ing** después del título también tienen una versión en inglés. Nuestros libros disponibles en una versión de bolsillo los libros tendrán Ppr en la misma línea que el título.

Libros de muestreo

La serie Muestreo es una serie de lectors que son una muestra de escritos de uno o más autores.

El Lector de El Profeta de la Vida (Muestra de 7 libros) Vol. 1 **Ing**
¿Qué tienen en común los ensayos, artículos, historias, poesías y citas? Todos están en esta muestra de historias, poemas y otros escritos de 7 de los escritos de El Profeta de la Vida que se encuentran en los libros de Kindle. **Autor: El Profeta de la Vida ISBN: 978-1-936462-07-0 ASIN: (Vol 1)**

El Lector de Mark Wilkins! Volúmen 1 (Muestra de 7 libros) **Ing**
Una historia de cada uno de los diferentes libros de Mark Wilkins. Ya sean sus esposas inteligentes, tontos curiosos, maestros, gángsters o fantasmas, estos libros le brindan una buena muestra de historias del hombre conocido en todo el mundo como A Storyteller. Dentro de sus páginas encontrarás horror, humor y pathos. **Autor: Mark Wilkins ISBN: 978-1-936462-38-4   ASIN: B01MU0Z51H (Volumen 1)**

El Lector de Amor Fuerza, Volúmenes 1 y 2 (Muestra de 7 libros) **Ing**
En la serie The Loveforce International Sampler, cada libro contiene una muestra de 7 libros diferentes de tres o cuatro autores diferentes. Los dos primeros libros de la serie están traducidos al español. (Editado por C. Gomez) **Vol 1 ASIN: B06XB3RJ2K Vol 2 ASIN: B07F2PLVHF**

Libros de no ficción

Controversia: ¿Qué Caitlyn Jenner, Donald Trump, una cura para el SIDA, los hackers chinos, Adolf Hitler y el calentamiento global tienen en común? Todos ellos están en el centro de una controversia y hay historias sobre ellos en este libro único que Voltea a las titulares de los tabloides de adentro hacia afuera. **Autor: El Profeta de la Vida ASIN: B01CRF3098**

Historias Verdaderas de inspiración y interés general ¿Qué hacen los adictos de teléfonos celulares, George Orwell, pájaros, Paul McCartney, el Premio Nobel, el Viernes Negro, Led Zeppelin, basura, una charla, de inflexión, Steve Jobs, Shakespeare, los pensamientos de inspiración y lamadre ¿Qué tienen en común? Estás historias son reales en este libro. Son verdaderas Historias de Inspiración e Interés General reúne cuentos y poemas sobre las celebridades, las tendencias y la gente común. A veces es sorprendente, siempre interesante, que al mismo tiempo le entretendrá y le dará algo en qué pensar. **Autor: El Profeta de la Vida ASIN: B00TXWVNUC**

Verdaderas Historias de Crimen y Castigo: Este es un libro de historias de crímenes graves arrancadas de los titulares de todo el mundo. De la familia que desapareció a la niña de 11 años muerta en una pelea sobre un muchacho al prisionero que no ha comido en 14 años a la cabeza humana cortada encontrada cerca de la famosa señal de Hollywood, cada historia cuenta sobre el crimen y lo sucedido Al criminal de una manera que te sorprenderá y te dará una pausa para pensar. Autor: El Profeta de la Vida ASIN: B01N10ND7S

Como Convertirse en la persona que siempre ha deseado ser.
Un simple personalizado, sistema, la transformación Ing

Es un sistema para ayudar a las personas a transformar sus vidas. Yo quería que fuera simple, fácil de usar y no tomara mucho tiempo, dinero o esfuerzo. Es un simple sistema personalizado de transformación. Tiene ocho sencillos pasos que se mueven a través del proceso. **Autor: Mark Wilkins ASIN: B01MSYVU6R**

Herramientas para tener éxito en la vida
Ing

Este libro analiza el éxito y te ayuda a aclarar qué es el éxito para ti. Tiene diferentes formas de ver el éxito, el fracaso, el sufrimiento y el sacrificio. Le da un plan para hacer cambios en su vida, consejos para evitar algunos errores comunes y le proporciona citas de motivación y ejemplos de vidas inspiradoras que han cambiado el mundo. **Autor: El Profeta De La Vida ASIN: B078JZGWDH**

Confesiones de un Aula: es una serie de historias reales sobre la **Ing** experiencia de las líneas de frente de la educación pública. En sus páginas se encontrará con personajes estrafalarios, lo bueno, lo malo y lo más cafeínado. Algunos de ellos son profesores, algunos estudiantes y algunos son administradores. Algunos le hará reír, otros te hará llorar, pero todos ellos desempeñan un papel importante en la educación pública. Sus historias están escritas en forma de entretenimiento y para darle algo en que pensar.
Autor: Mark Wilkins ASIN: B01MSV4N92

Confesiones de un Aula 2: Historias llenas de maestros poco **Ing** convencionales, estudiantes brillantes, matones, héroes y cartas que traen la realidad de la educación pública con todas sus luchas y glorias ante ustedes. Encontrará personajes memorables como Sr. Manosfelices, la sustituta francesa, el decano Bravo y el gorrón. Directamente de los recuerdos de alguien que estaba allí. Algunos le harán reír, otros le harán llorar. Ellos te entretendrán y te darán algo en que pensar.
Autor: Mark Wilkins ASIN: B06XC9HDQV

Libros sobre la fe

Lo Que La Fe Me ha enseñado: En este volumen repleto, de   **Ing** pensamientos espirituales e inspiradores el autor es un líder, el profeta de la vida comparte su fe, percepciones espirituales y lecciones de la vida que le pueden ayudar, inspirar y orientar hacia una mejor vida. **Autor: El Profeta de la Vida ASIN: B01EE3QSW2**

Inspiración para todos: **Volúmen 1, Inspiración para tu Espíritu Ing** Escrituras inspiradoras seleccionadas. Si eres de fe o necesitas inspiración en tu vida, este libro lleno de historias inspiradoras, poemas y ensayos te mantendrá y te fortalecerá en tu viaje. **Por El Profeta de la Vida ASIN: B071JW8XXH**

Inspiración para todos: **Volumen 2, Inspiración para tu mente Ing** Escrituras seleccionadas para inspirar tu mente. Este libro lleno de historias inspiradoras, poemas y ensayos te mantendrá y te fortalecerá en tu viaje. **Autor: El Profeta de la Vida, Mark Wilkins y Dr. Ganso. ASIN: B072WK9JBH**

Citas sobre Dio: Este pequeño libro esta lleno de algunas de las **Ing** citas mas populares acerca de Dios atribuidas al Profeta de la Vida. Provoca ambos pensamientos e inspiraciones. Esta lleno de docenas de citas sobre Dios que uno puede leer y copiar para uso personal.

Autor: El Profeta de la Vida
ASIN: B01BJXYHLY

Encontrar a Dios en un mundo caótico: En este libro, aprenderá **Ing**
que el Señor se comunica con todos y que aprenderá cómo el Señor se comunica con usted. Aprenderá acerca de la Verdadera Naturaleza de Dios y se dará cuenta de cuán profundo es el alcance y el Amor de Dios. Aprenderás el secreto de por qué la voluntad de Dios siempre prevalece. Aprenderás acerca de los Profetas enviados a nuestro planeta, para entregar la Palabra de Dios, algunos que conoces y otros que conocerás. Aprenderás el secreto de acercarte más a Dios. Aprenderás sobre el cambio que está ocurriendo en todo nuestro planeta y aprenderás qué lo está causando. Si estás listo para las revelaciones que pueden cambiar la forma en que ves la vida en general y tu vida en particular, lee este libro.

Autor: El Profeta de la Vida
ASIN: B0793KDYX3

Encontrar a Dios sin religión. Un camino agnóstico a Dios Tú y tu camino a Dios, en la Vida y Más Allá: Las personas de fe no son **Ing** exclusivas de la religión. Hay muchos que son espirituales o agnósticos. No encajan en la doctrina, los rituales o la comunidad congregacional de religión. En este volumen lleno de sabiduría, las personas de fe pero sin una religión organizada pueden obtener ideas sobre la vida, la vida futura y que Dios sin ser culpable se tropezó con la conversión. Este volumen es el libro 2 de la serie Revelations of 2012 Beyond Faith. La parte 1 se titula Encontrar a Dios en un mundo caótico. **Autor: El Profeta de la Vida**

Las mejores citas espirituales: Este libro está lleno de algunas de **Ing**
las citas más populares sobre Temas Espirituales atribuidos a El Profeta de la Vida. Se incluyen citas de fe, misericordia, lecciones de vida, humanidad y espiritualidad. Debes encontrar que son profundos, estimulantes e inspiradores. Está lleno de muchas páginas de citas que se pueden leer y copiar para uso personal. **Autor: El Profeta de la Vida**

Libros de ficción

• **Rebanadas de Vida 1:** es una colección de cuentos humorísticos **Ing** sobre la vida. La mayoría de ellos son de los miembros de la familia y del matrimonio. De cónyuges inteligentes, los niños pequeños inteligentes, de chicos tratando de impresionar a sus amigos, de leyes tratando de dominar la tecnología de cada historia es como un pequeño trozo de vida, pero en conjunto, forman un pastel irresistible. Siéntese a tomar una taza de café y disfrutar de algunas rebanadas de Vida. **Autor: Mark Wilkins ASIN: B01BBBZUL0**

Rebanadas de Vida 2 : Esta secuela de Rebanadas de la Vida tiene **Ing** historias más humorísticas sobre los ricos, los pobres y la clase media. Incluso tiene una historia sobre una de sus mascotas. La ignorancia es el tema principal de este libro, la ignorancia que tiene consecuencias que a veces son tocantes pero siempre humorísticas. ¡Así que prepare un poco de café o té, siéntese, relájese y disfrute de otro lote satisfactorio de Rebanadas de la Vida, porque, antes de que usted lo sepa, lo habrá devorado todo en un momento!**Autor: Mark Wilkins ASIN: B06XKP5C66**

Historias Escandalosas 1: Este libro está lleno de artículos **Ing** humorísticos poco convencionales e irreverentes. Todos ellos son ficticios y muchos de ellos completamente escandalosos. Nadie está a salvo de que se burlen de ellos terroristas, Presidentes, Dictadores, El Negocio de Peliculas y Música o Juegos Oympicos de Flojos. Si tienes edad universitaria o tienes un sentido del humor extravagante e irreverente, ¡este libro es para ti! **Autor : Mark Wilkins ASIN: B07D1RH9W3**

Historias Escandalosas 2 Este libro está lleno de artículos **Ing**
humorísticos poco convencionales e irreverentes. Todos ellos son ficticios y muchos de ellos completamente escandalosos. Nadie está a salvo de que se burlen: terroristas, policia, criminales, El Negocio de Peliculas y Música, la profession medico, tradiciones, Si tienes edad universitaria o tienes un sentido del humor extravagante e irreverente, ¡este libro es para ti!   **Autor : Mark Wilkins ASIN:**

Karma: Karma es la historia de un hombre que esta entre dos **Ing**

culturas diferentes, y se opone a la vida opuesta que compiten por su atención. Sus conflictos y luchas son eclipsados por fuerzas cósmicas que él no puede entender. El karma proporciona una visión de las luchas y los conflictos que todos enfrentamos. **Autor: Mark Wilkins. ASIN: B072Z6L36V**

El valor de una semana de ficcion 1: Gente en el Filo del Borde Ing
En el volumen 1 del valor de una semana de ficción te encontrarás con gente en los bordes de la sociedad. Un guardia de seguridad que lucha y tiene una mujer moribunda, un anciano cuyo fin es que muera en el bosque, una mujer luchando por capturar un romance antes de que su belleza se desvanezca y otro luchando con el cáncer. Te encontrarás con un niño pequeño que aterroriza a la gente en una tienda de comestibles, un adolescente buscando amor y un pequeño empresario que lucha contra un monopolio. Si quieres historias de ficción que nunca te olvidaras sólo necesita contar hasta 7. **Autor: Mark Wilkins ASIN: B06XVD21PM**

El valor de una semana de ficcion 2: Historias de Ciencia Ficción Ing

En el volumen 2 del valor de una ficción una semana incluye historias de ciencia ficción. Dentro de sus páginas usted encontrará historias de una chica que tiene la cura para una enfermedad mortal, una mujer en una cita con una enfermedad psicosomática llamada profecía, pollo robot, una mosca sobrenatural, una proyección astral, un maestro en un nuevo trabajo donde todo no es lo que parece y un mundo futurista donde la economía sólo es trueque. Si quiere historias de ciencia ficción que nunca olvidara solo es necesario contar hasta 7. **Autor: Mark Wilkins ASIN: B071GCYFK6**

El valor de una semana de ficcion 3:
Muchas caras de la violencia Ing

En el volumen 3 del valor de una semana de ficción, incluye muchas caras de la violencia, historias de ficción de las 7 todas exploran la violencia desde diferentes ángulos, una historia mira lo que pasa por la mente de un terrorista sobre explotarse a si mismo, otro mira un a un ejecutivo teniendo en cuenta el suicidio, las parcelas de otras historias incluyen un, hombre tratando de burlar a un robacoches armado, un alguacil de aviones tratando de averiguar quién es el terrorista, un soldado que se da cuenta que una persona en su pelotón es un asesino en serie, un ex convicto que tiene que decidir si debe usar la violencia para combatir el mal y un hombre que se convierte en un héroe a través de violencia indescriptible, si quieres historias violentas que nunca olvidara, basta contar hasta 7. **Autor: Mark Wilkins**

ASIN: B072K6J9HN

El valor de una semana de ficcion 4: Realizaciones   Ing

En el volumen 4 del valor de una semana ficción, es de realizaciones, conocerá a personas de diversas procedencias que llegan a realizaciones importantes. Se encontrará con un Doctor que llega a una realización sobre la vejez, un político que lucha por ser su propio ser, un hombre rico que llega a una epifanía después de un encuentro casual en una tienda, un granjero que necesita ayuda, un chico que lucha con un nuevo celular que parece intervenido, una nadadora que se beneficia de su rutina de todas las mañanas y un agente de policía que desarrolla empatía para un peligrosos gánster. Si desea leer historias ficticias que nunca te olvidara sólo necesita contar hasta 7. **Autor: Mark Wilkins ASIN:** B071JVQQ96

Historias de lo sobrenatural 1: Un libro de la serie Narrador **Ing**

Volumen 1Fantasmas, criaturas demoníacas, y la muerte. Esta colección de historias cortas lo perseguirá y entretendrá. Ya sea la malvada historia clásica de un trozo de carbón o el capricho de un fantasma en la casa esta colección de cuentos y poemas perseguirá y entretendrá   **Autor: Mark Wilkins ASIN: B01MA12YXY**

Historias de lo Sobrenatural 2
      Ing
En esta secuela de Historias de lo Sobrenatural hay más fantasmas, criaturas demoníacas y la muerte. Esta colección de relatos cortos centra de fantasmas y monstruos. Dentro de sus páginas te maravillarás con las hazañas de El Coleccionista de Almas, temblará ante la mención del temido Bungadun o el El Infierno Banger y montarás los rieles en el tren fantasma. Correa en sus cinturones de seguridad, va a ser un viaje accidentado! **Autor Mark Wilkins ASIN: B01M4FXDL1**

Libros de poemas y Citas

¡Vidas románticas! Ing

¡Vidas románticas! es una colección muy especial de poemas de amor románticos. Los poemas están organizados para seguir el arco de un romance desde sus etapas tempranas de un amor joven través de sus dulces seducciones y la dichosa sabiduría del amor maduro. Si estás buscando romance en tu relación amorosa o simplemente quieres una lectura romántica alegre y perspicaz, este libro es para ti.

Cada Lirica Cuenta una Historia   Ing

Una colección de letras de canciones únicas que cuentan historias impactantes sobre las personas, sus vidas, sus esperanzas y sus sueños. Puedes encontrarte a ti mismo y a las personas que conoces en muchos de ellos.

Citas por cositas general
Ing

Este breve libro está lleno de algunas de las citas más populares sobre temas generales atribuidos a El Profeta de la Vida. El libro incluye citas sobre temas como la vida, el amor, la felicidad, el crimen y el castigo, el bienestar e incluye muchas de las citas cómicas atribuidas a El Profeta de la Vida. Encontrará el ingenio y la sabiduría en sus páginas sugerentes e inspiradoras. Está lleno de docenas de excelentes citas sobre diversos temas que uno puede leer y copiar para uso personal. **Autor: El Profeta de la Vida**

Libros para niños

Historias clásicas para niños, Que usted probablemente nunca oído Volumen 1: Ya se trate de las aventuras de un pollo que habla, **Ing** la balada de un hombre peludo, una historia sobre un tipo que tiene gusanos como amigos o una historia infantil clásica actualizada y contada con un giro diferente este conjunto de historias infantiles entretendrán a los niños envejecidos en su familia. **Autor: Dr. Ganso ASIN: B01NAF8QNU**

Historias clásicas de niños, que nunca has escuchado Volumen 2 Ing Esta secuela le da más clásicos desconocidos. El libro da a conocer nuevos personajes como un pequeño pollo cuya vida es similar a la de una persona y una balada sobre un hombre peludo. Hay una historia sobre un príncipe cuya negativa causa un incidente internacional. Incluso hay una versión actualizada de la historia de los niños clásicos que todos conocemos desde puntos de vista de diferentes personajes. **Autor: Dr. Ganso ASIN:**

Niños de la escuela Volumen 1: Seis historias divertidas sobre **Ing**

niños que son más inteligentes para su edad. Dentro de sus páginas se encontrará con un chico cuyo vocabulario es mejor que los adultos de su escuela, un niño que se escapa de una nalgada, un niño que recibe un teléfono celular nuevo con un problema y un hermano y una hermana que aprenden cómo deshacerse de la basura de una tía vieja .Recomendado para niños de 12 a 16 años. **Autor: Mark Wilkins ASIN:** B078JMR7ZB

Niños de la escuela Volumen 2: 9 historias sobre niños que están
en la escuela secundaria. Dentro de sus páginas se encontrará con un **Ing** grupo de niños que se involucran en una guerra de huevos podridos, una niña que no existe, y un niño que envía a un amigo en una cita con su hermana. Recomendado para niños de 14 a 18 años. **Autor: Mark Wilkins ASIN:**

Mi Primer libro de un Poco de Fabulas Tontas:
Si la codicia de **Ing**

mooches, los ladrones del almuerzo, los niños sádicos, o las historias extrañas sobre animales domésticos esta primera parte en la serie de historias humor irreverente con la entrega de conclusiones retorcidas sobre el egoísta y el codicioso. Incluso tiene unos pequeños dibujos estúpidos! Para los jóvenes. **Autor: Gary Ishka ASIN: B07FFF13N4**

Mi Segundo libro de un Poco de Fabulas Tontas: Ya se trata de **Ing**
abuelas bien intencionadas pero incompetentes, de mujeres egoístas, de niños sádicos o de locos en los centros comerciales, esta segunda parte de episodios de la serie de historias irreverentemente humorísticas que ofrece terminaciones retorcidas sobre los egoístas y los codiciosos. Incluso tiene los dibujos a los que te gusta hacer burla de igual que la primera! Para los menores.
Autor: Gary Ishka ASIN: B0755YK6NH

Libros En Papel

La trilogía de la fe En este volumen repleto, de pensamientos **Ing** espirituales e inspiradores el autor y un líder de pensamos espiritu, el profeta de la vida comparte su fe, inspiracion y citas sobre dios, Este Trilogía de Fe incluye tres libros llenos de fe: Lo que la fe me ha enseñado, las mejores citas sobre Dios e inspiración para todos: escritos inspirados seleccionados. **Autor: El Profeta de la Vida**

ISBN-13: 978-1936462520

Rebanadas de Vida Rebanadas de la Vida tiene historias más **Ing** humorísticas sobre los ricos, los pobres y la clase media. Incluso tiene una historia sobre una de sus mascotas. La ignorancia es el tema principal de este libro, la ignorancia que tiene consecuencias que a veces son tocantes pero siempre humorísticas. ¡Así que prepare un poco de café o té, siéntese, relájese y disfrute de otro lote satisfactorio de Rebanadas de la Vida, porque, antes de que usted lo sepa, lo habrá devorado todo en un momento! **Autor: Mark Wilkins ISBN-10: 193646246X ISBN-13: 978-1936462469**

Historia Sobrenaturales Fantasmas, criaturas demoníacas, y la **Ing**

muerte. Esta colección de historias cortas lo perseguirá y entretendrá. Ya sea la malvada historia clásica de un trozo de carbón o el capricho de un fantasma en la casa, de El Coleccionista de Almas, temblará ante la mención del temido Bungadun o el Infierno Banger y montarás los rieles en el tren fantasma. esta colección de cuentos y poemas perseguirá y entretendrá. Correa en sus cinturones de seguridad, va a ser un viaje accidentado! **Autor: Mark Wilkins ISBN-10: 1936462575 ISBN-13: 978-1936462575**

Confesiones de Escuelas Publicas: Frente a la Batalla de la Educación Pública Confesiones de Escuelas Publicas es una seria **Ing**

de historias verdaderas de las líneas del frente de la educación pública. Entre las paginas usted va a conocer personajes peculiares, unos malos otros buenos con mucho café encima. Algunos de ellos son maestros, algunos estudiantes, y algunos administradores. Algunos les harán reír, otros los harán llorar pero ellos juegan un papel muy importante en la educación pública. Sus historias están escritas de una manera de entretenimiento y le dará algo en que pensar. **Autor: Mark Wilkins ISBN-10: 1936462060 ISBN-13: 978-1936462063**

Controversias! ¿Qué Caitlyn Jenner, Donald Trump, una cura para **Ing**
el SIDA, los hackers chinos, Adolf Hitler y el calentamiento global tienen en común? Todos ellos están en el centro de una controversia y hay historias sobre ellos en este libro único que Voltea a las titulares de los tabloides de adentro hacia afuera. **Autor: El Profeta de la Vida.**

El valor de una semana de los volúmenes de ficción 1 y 2 Ing

Una semana de ficción, edición en rústica
Si se trata de un hombre que se convierte en héroe
a través de la violencia indescriptible, una
adolescente luchando contra una corporación sobre
los derechos a su sangre, o la lucha de vida y
muerte en un coche carjacked esta colección de
Volúmenes 1 y 2 de Una Semana de Ficción le da
7 Más historias que te emocionarán, te
sorprenderán y te harán pensar. A menudo
distópica ya veces surrealista, si quieres historias
que nunca olvidarás, solo necesitas contar hasta 7 y
puedes hacerlo dos veces en esta edición especial
de bolsillo. **Autor: Mark Wilkins**

**El valor de una semana de los volúmenes de
ficción 3 y 4   Ing**

Ya se trate de una mujer tratando de encontrar el amor antes de que su apariencia se desvanezca, un mariscal luchando contra el racismo, un ex convicto tratando de mejorar su vida, un soldado tratando de resolver un misterio, un indígena tratando de ir en contra de la discriminación en contra de la edad, esta colección de volumenes 3 y 4 de una semana de valor de la ficción le da 7 historias más en cada uno que le darán emoción, sorpresa y lo harán pensar. A menudo son distó pica y a veces surrealista, si quieres historias que nunca olvidarás, solo necesitas contar hasta 7 y puedes hacerlo dos veces en estas ediciones especiales de bolsillo. **Autor: Mark Wilkins ASIN:**